Impressum
Verlag: BABADADA GmbH, Nedderfeld 112 , 22529 Hamburg
Geschäftsführer / Verlagsleitung: Harald Hof
Druck: Books on Demand GmbH, In de Tarpen 42, 22848 Norderstedt

Imprint
Publisher: BABADADA GmbH, Nedderfeld 112 , 22529 Hamburg, Germany
Managing Director / Publishing direction: Harald Hof
Print: Books on Demand GmbH, In de Tarpen 42, 22848 Norderstedt

colegio
école

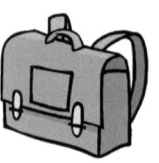

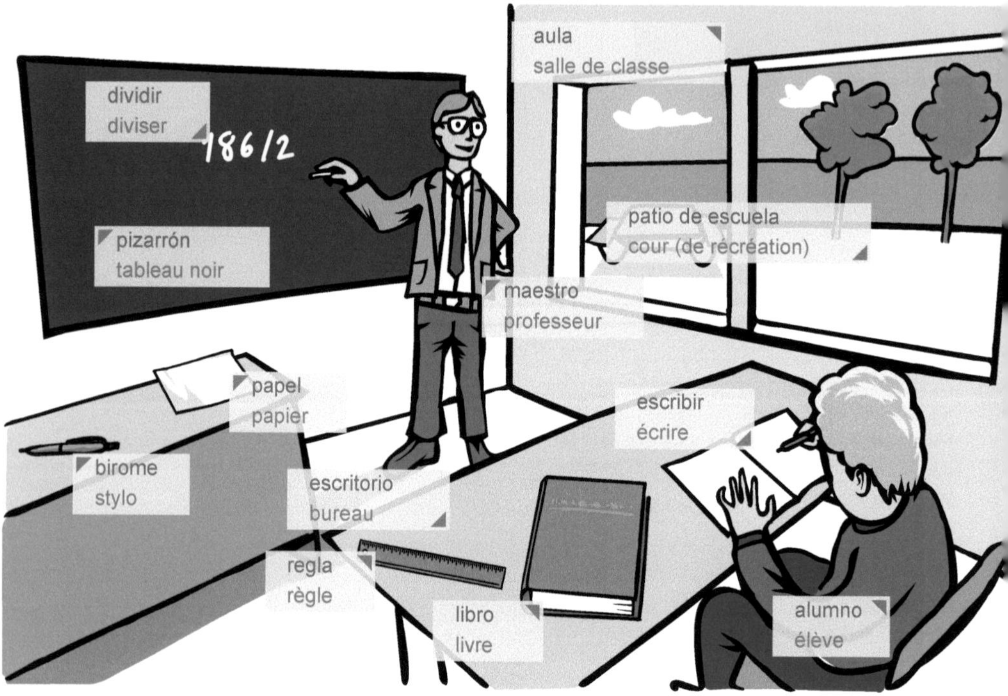
aula
salle de classe
dividir
diviser
186/2
pizarrón
tableau noir
patio de escuela
cour (de récréation)
maestro
professeur
papel
papier
escribir
écrire
birome
stylo
escritorio
bureau
regla
règle
libro
livre
alumno
élève

mochila
cartable

caja de lápices
trousse

lápiz
crayon

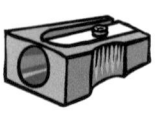

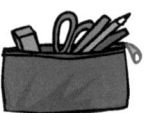

sacapuntas
taille-crayon

goma (de borrar)
gomme

bloc de dibujo
carnet à dessin

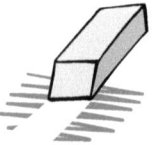

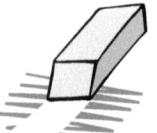

dibujo

dessin

pincel

pinceau

caja de pinturas

boîte de peinture

tijera

ciseaux

pegamento

colle

cuaderno de ejercicios

cahier d'exercices

tarea

devoirs

número

chiffre

sumar

additionner

restar

soustraire

multiplicar

multiplier

calcular

calculer

letra

lettre

abecedario

alphabet

palabra

mot

colegio - école

3

texto

texte

leer

lire

tiza

craie

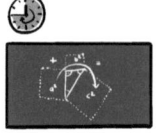

lección

leçon

cuaderno de clase

livre de classe

examen

examen

certificado

certificat

uniforme escolar

uniforme scolaire

educación

formation

enciclopedia

lexique

universidad

université

microscopio

microscope

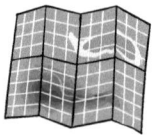

mapa

carte

tacho (de basura)

corbeille à papier

viaje
voyage

hotel
hôtel
Grand
hostel
auberge
ROOMS
casa de cambio
bureau de change
EXCHANGE
valija
valise
auto
voiture

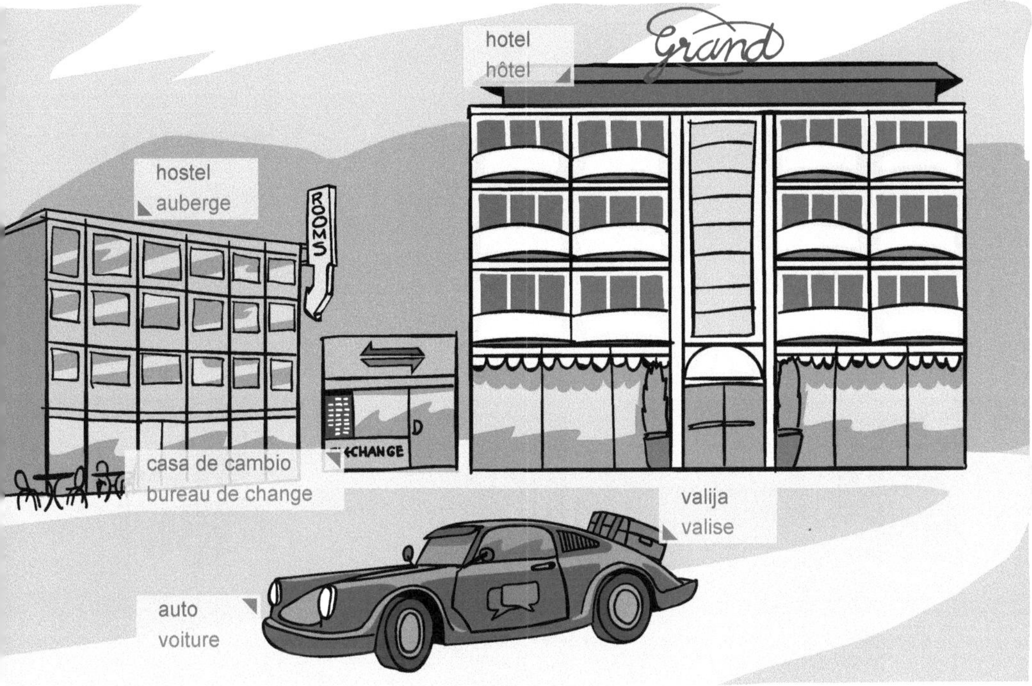

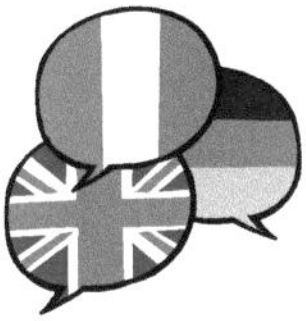

idioma

langue

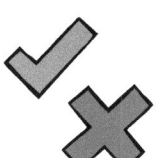

sí / no

oui / non

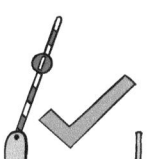

Está bien

d'accord

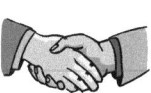

hola

Salut

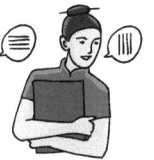

traductor

interprète

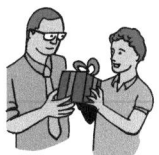

Gracias

merci

¿cuánto cuesta...?

Combien coûte...?

No entiendo

Je ne comprends pas

problema

problème

¡Buenas tardes!

Bonsoir !

¡Buenos días!

Bonjour !

¡Buenas noches!

Bonne nuit !

adiós

Au revoir

dirección

direction

equipaje

bagages

bolso

sac

mochila

sac-à-dos

invitado

hôte

habitación

pièce

bolsa de dormir

sac de couchage

carpa

tente

información turística

office de tourisme

playa

plage

tarjeta de crédito

carte de crédit

desayuno

petit-déjeuner

almuerzo

déjeuner

cena

dîner

pasaje

billet

ascensor

ascenseur

sello

timbre

frontera

frontière

aduana

douane

embajada

ambassade

visa

visa

pasaporte

passeport

transporte
transport

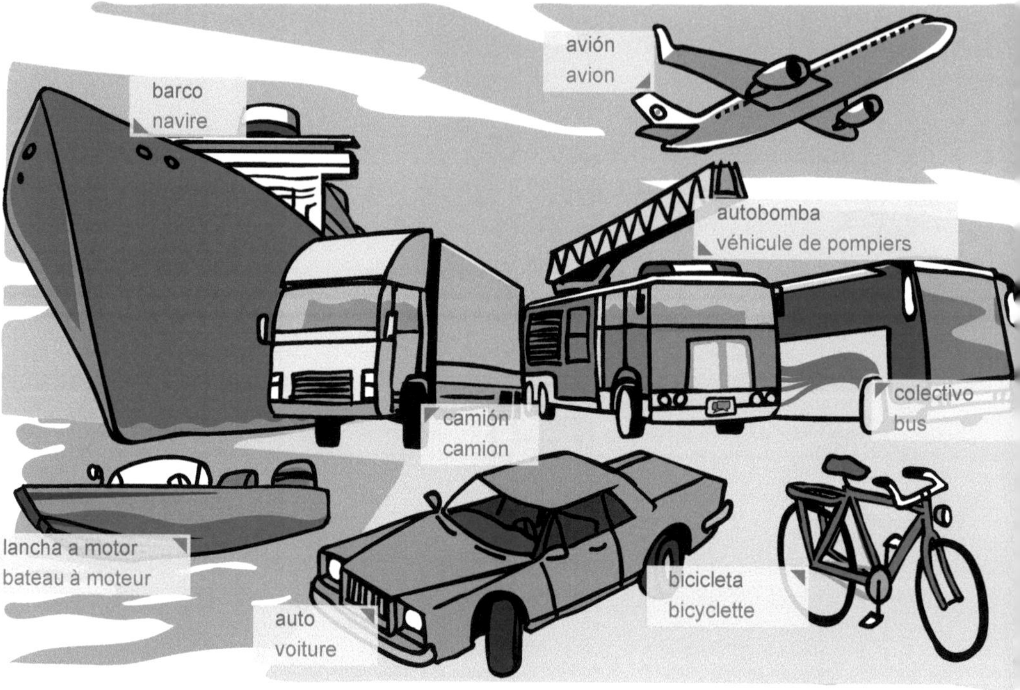

avión
avion

barco
navire

autobomba
véhicule de pompiers

colectivo
bus

camión
camion

lancha a motor
bateau à moteur

auto
voiture

bicicleta
bicyclette

ferry
ferry

bote
barque

moto
moto

patrullero
voiture de police

auto de carreras
voiture de course

auto de alquiler
voiture de location

8

transporte - transport

alquiler de autos

auto-partage

grúa

voiture de remorquage

camión de basura

benne à ordures

motor

moteur

nafta

essence

estación de servicio

station d'essence

señal de tránsito

panneau indicateur

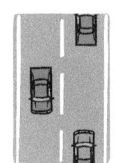

tránsito

trafic

embotellamiento

embouteillage

estacionamiento

parking

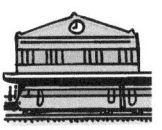

estación de tren

gare

vías

rails

tren

train

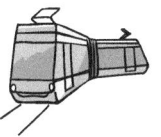

tranvía

tramway

vagón

wagon

helicóptero

hélicoptère

aeropuerto

aéroport

torre

tour

pasajero

passager

contenedor

conteneur

caja de cartón

carton

carretilla

chariot

canasta

corbeille

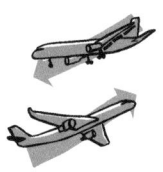

despegar / aterrizar

décoller / atterrir

ciudad

ville

pueblo

village

centro de ciudad

centre-ville

casa

maison

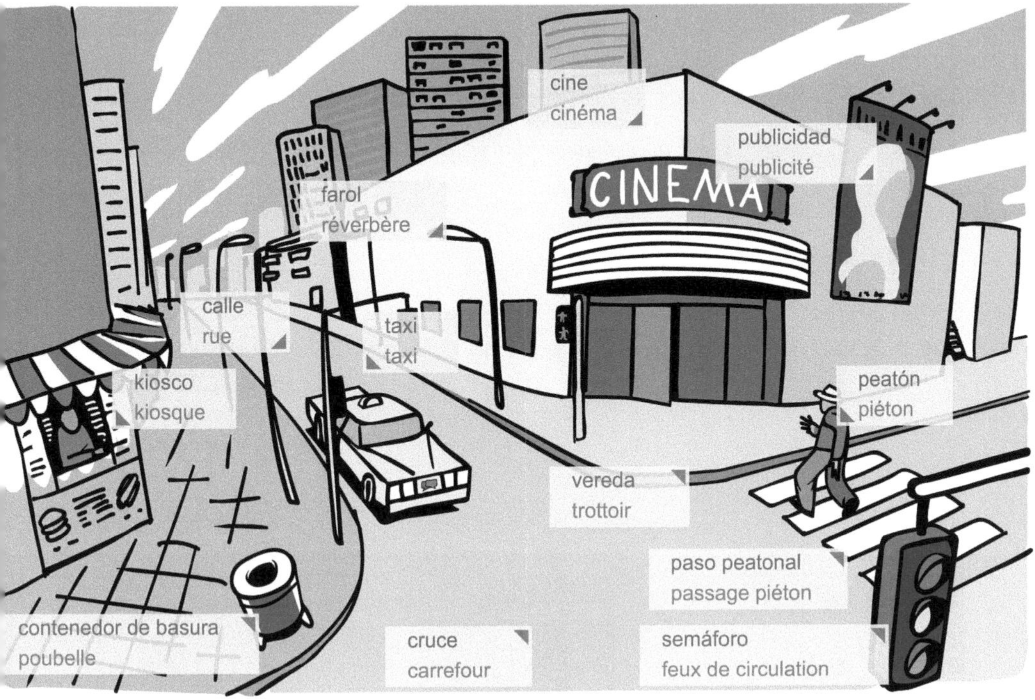

cine
cinéma

publicidad
publicité

CINEMA

farol
réverbère

calle
rue

taxi
taxi

peatón
piéton

kiosco
kiosque

vereda
trottoir

paso peatonal
passage piéton

contenedor de basura
poubelle

cruce
carrefour

semáforo
feux de circulation

cabaña

cabane

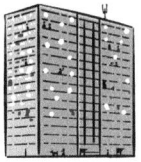

departamento

appartement

estación de tren

gare

municipalidad

mairie

museo

musée

colegio

école

universidad

université

banco

banque

hospital

hôpital

hotel

hôtel

farmacia

pharmacie

oficina

bureau

librería

librairie

negocio

magasin

florería

fleuriste

supermercado

supermarché

mercado

marché

grandes tiendas

grand magasin

pescadería

poissonnerie

centro comercial

centre commercial

puerto

port

parque

parc

banco

banque

puente

pont

escaleras

escaliers

subte

métro

túnel

tunnel

parada del colectivo

arrêt de bus

bar

bar

restaurante

restaurant

buzón

boîte à lettres

letrero

panneau indicateur

parquímetro

parcmètre

zoológico

zoo

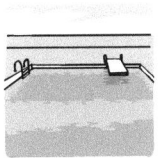

pileta

piscine

mezquita

mosquée

granja

ferme

contaminación

pollution

cementerio

cimetière

iglesia

église

juegos infantiles

aire de jeux

templo

temple

paisaje

paysage

hoja
feuille

poste indicador
panneau indicateur

camino
chemin

pradera
pré

piedra
pierre

excursionista
randonneur

árbol
arbre

rio
rivière

hierba
herbe

flor
fleur

valle

vallée

montaña

montagne

lago

lac

bosque

forêt

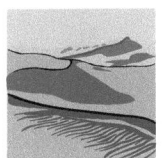

desierto

désert

volcán

volcan

castillo

château

arco iris

arc-en-ciel

champiñón

champignon

palmera

palmier

mosquito

moustique

mosca

mouche

hormiga

fourmis

abeja

abeille

araña

araignée

escarabajo

coléoptère

rana

grenouille

ardilla

écureuil

erizo

hérisson

liebre

lièvre

lechuza

chouette

pájaro

oiseau

cisne

cygne

jabalí

sanglier

ciervo

cerf

alce

élan

presa

barrage

aerogenerador

éolienne

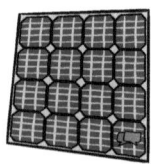

panel solar

panneau solaire

clima

climat

restaurante

restaurant

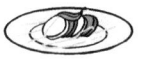

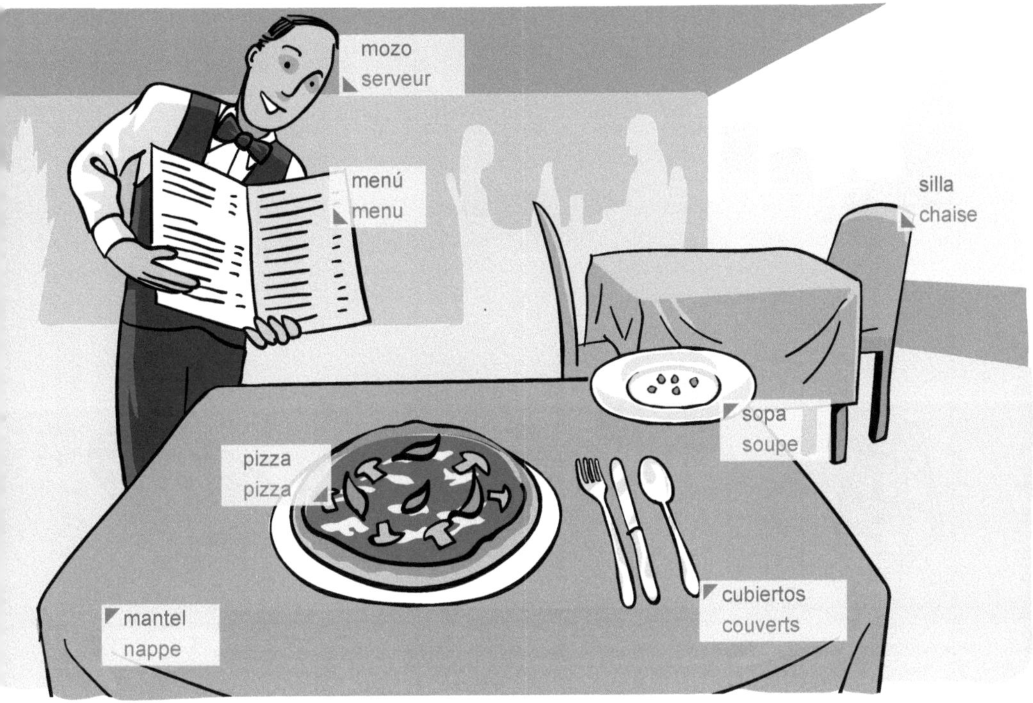
mozo
serveur
menú
menu
silla
chaise
sopa
soupe
pizza
pizza
cubiertos
couverts
mantel
nappe

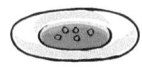

entrada

hors d'œuvre

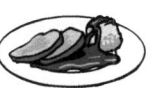

plato principal

plat principal

postre

dessert

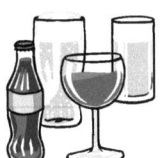

bebidas

boissons

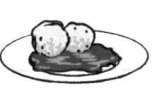

comida

alimentation

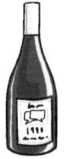

botella

bouteille

comida rápida

fast-food

comida callejera

plats à emporter

tetera

théière

azucarera

sucrier

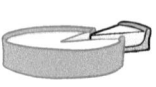

porción

portion

cafetera expreso

machine à expresso

sillita alta

chaise haute

cuenta

facture

bandeja

plateau

cuchillo

couteau

tenedor

fourchette

cuchara

cuillère

cucharita

cuillère à thé

servilleta

serviette

vaso

verre

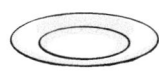

plato

assiette

plato hondo

assiette à soupe

plato

soucoupe

salsa

sauce

salero

salière

molinillo de pimienta

moulin à poivre

vinagre

vinaigre

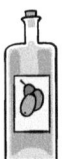

aceite

huile

especias

épices

kétchup

ketchup

mostaza

moutarde

mayonesa

mayonnaise

supermercado

supermarché

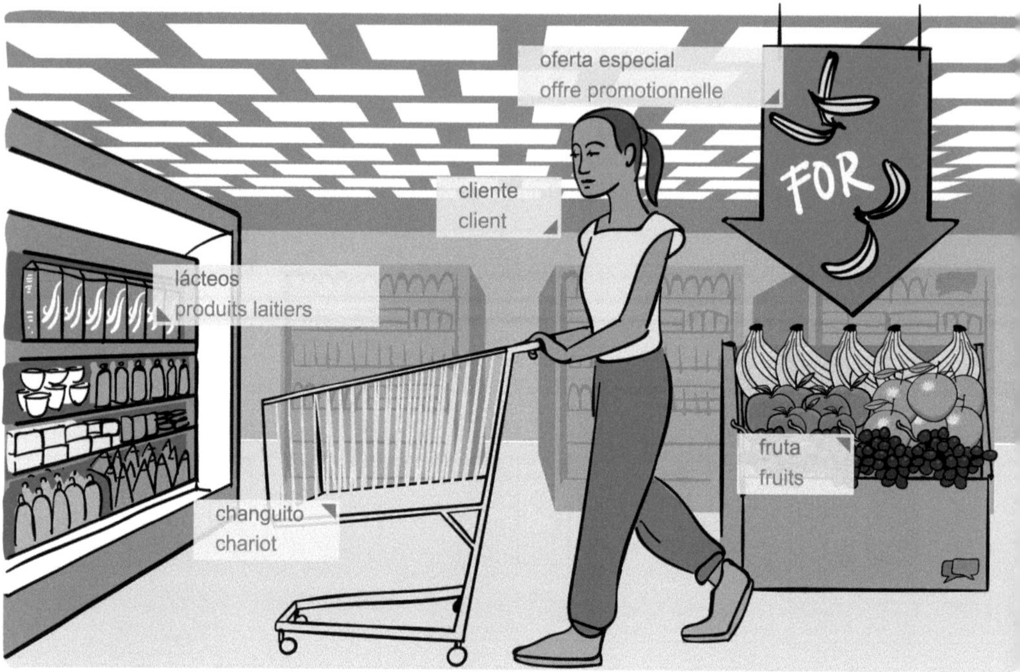

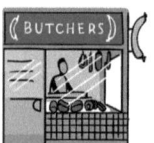

oferta especial
offre promotionnelle
FOR
cliente
client
lácteos
produits laitiers
fruta
fruits
changuito
chariot

BUTCHERS

carnicería

boucherie

BAKERY

panadería

boulangerie

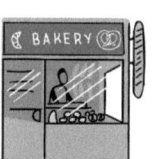

pesar

peser

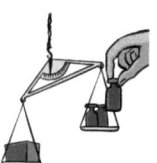

verduras

légumes

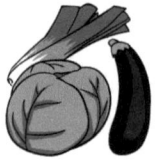

carne

viande

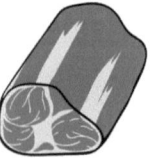

alimentos congelados

aliments surgelés

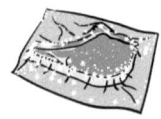

fiambres

charcuterie

alimentos enlatados

conserves

detergente en polvo

poudre à lessive

golosinas

bonbons

electrodomésticos

articles ménagers

productos de limpieza

détergents

vendedora

vendeuse

caja

caisse

cajero

caissier

lista de compras

liste d'achats

horario de atención

heures d'ouverture

billetera

portefeuille

tarjeta de crédito

carte de crédit

cartera

sac

bolsa de plástico

sac en plastique

agua

eau

jugo

jus de fruit

leche

lait

bebida cola

coca

vino

vin

cerveza

bière

alcohol

alcool

cacao

chocolat chaud

té

thé

café

café

café expreso

expresso

cappuccino

cappuccino

banana

banane

manzana

pomme

naranja

orange

melón

melon

limón

citron

zanahoria

carotte

ajo

ail

bambú

bambou

cebolla

oignon

champiñón

champignon

nueces

noisettes

fideos

pâtes

tallarines

spaghetti

arroz

riz

ensalada

salade

papas fritas

pommes frites

papas fritas

pommes de terre rôties

pizza

pizza

hamburguesa

hamburger

sándwich

sandwich

churrasco

escalope

jamón

jambon

salame

salami

salchicha

saucisse

pollo

poulet

asado

rôti

pescado

poisson

copos de avena

flocons d'avoine

muesli

muesli

copos de maíz

cornflakes

harina

farine

medialuna

croissant

pancito

petits-pains

pan

pain

tostada

pain grillé

galletitas

biscuits

manteca

beurre

cuajada

le fromage blanc

torta

gâteau

huevo

œuf

huevo frito

œuf au plat

queso

fromage

helado

glace

azúcar

sucre

miel

miel

mermelada

confiture

pasta de chocolate

crème nougat

curry

curry

granja
ferme

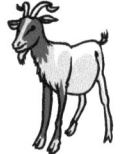

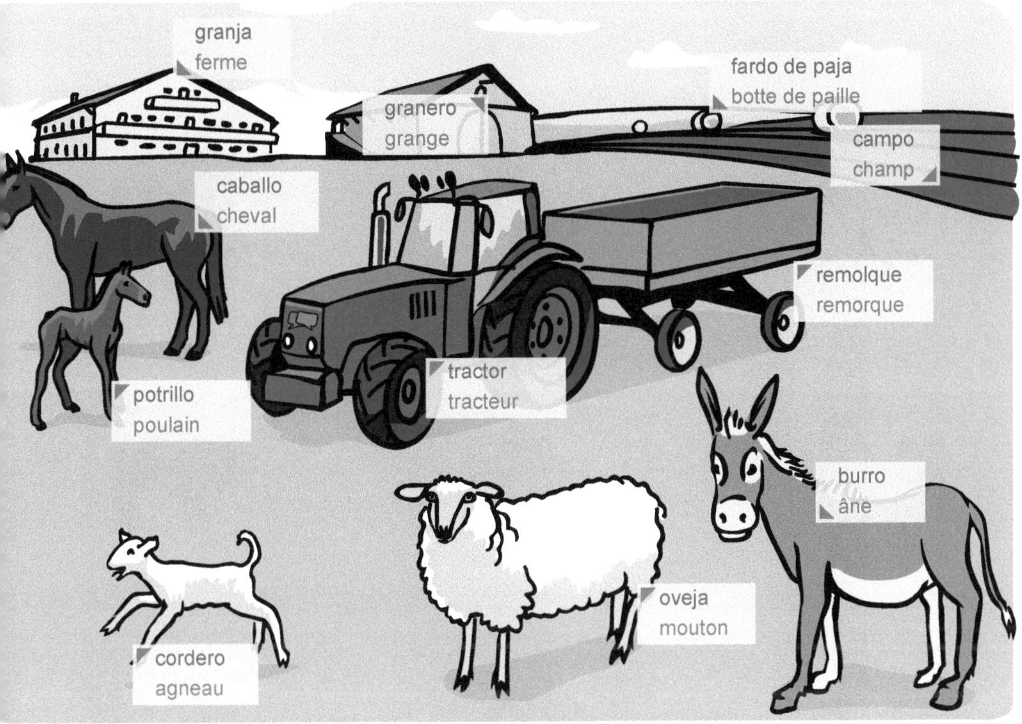
granja
ferme
granero
grange
fardo de paja
botte de paille
campo
champ
caballo
cheval
remolque
remorque
potrillo
poulain
tractor
tracteur
burro
âne
oveja
mouton
cordero
agneau

cabra
chèvre

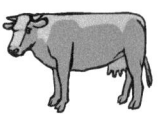

vaca
vache

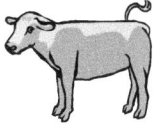

ternero
veau

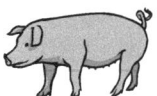

cerdo
porc

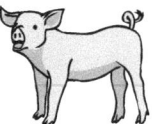

lechón
porcelet

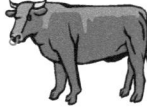

toro
taureau

ganso

oie

pato

canard

pollo

poussin

gallina

poule

gallo

coq

rata

rat

gato

chat

ratón

souris

buey

bœuf

perro

chien

cucha

chenil

manguera

tuyau de jardin

regadera

arrosoir

guadaña

faucheuse

arado

charrue

hoz

faucille

azada

pioche

horquilla

fourche

hacha

hache

carretilla

brouette

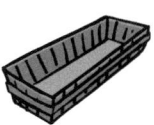

abrevadero

cuve

lechera

pot à lait

bolsa

sac

reja

clôture

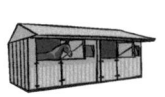

establo

étable

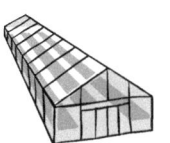

invernadero

serre

suelo

sol

semilla

semences

fertilizador

engrais

cosechadora

moissonneuse-batteuse

cosechar

récolter

cosecha

récolte

batatas

igname

trigo

blé

soja

soja

papa

pomme de terre

maíz

maïs

semilla de colza

colza

árbol frutal

arbre fruitier

mandioca

manioc

cereales

céréales

casa
maison

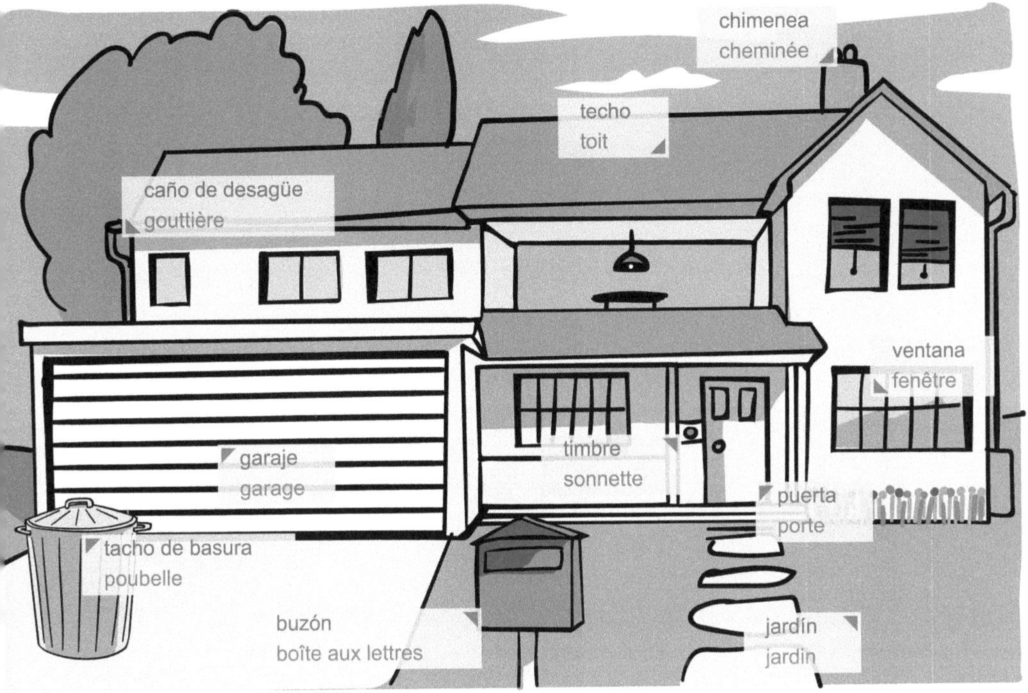
chimenea
cheminée
techo
toit
caño de desagüe
gouttière
ventana
fenêtre
timbre
sonnette
garaje
garage
puerta
porte
tacho de basura
poubelle
buzón
boîte aux lettres
jardín
jardin

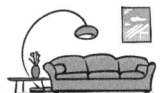

living
salon

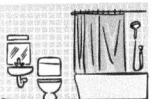

baño
salle de bain

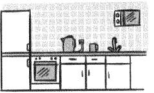

cocina
cuisine

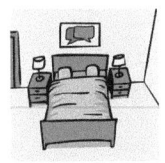

dormitorio
chambre à coucher

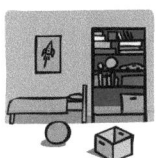

cuarto de los chicos
chambre d'enfant

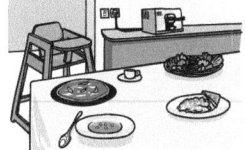

comedor
salle à manger

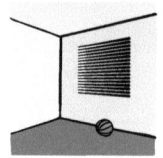

piso

sol

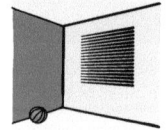

pared

mur

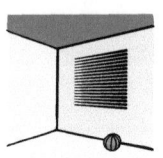

cielorraso

plafond

sótano

cave

sauna

sauna

balcón

balcon

terraza

terrasse

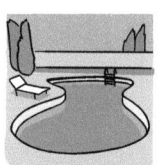

pileta

piscine

cortadora de pasto

tondeuse à gazon

sábana

housse

acolchado

couette

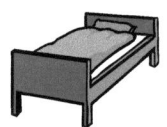

cama

lit

escoba

balai

balde

sceau

interruptor

interrupteur

living
salon

empapelado
papier peint
imagen
image
lámpara
lampe
estante
étagère
armario
armoire
televisión
télé
chimenea
cheminée
flor
fleur
almohadón
coussin
sofá
sofa
florero
vase
control remoto
télécommande

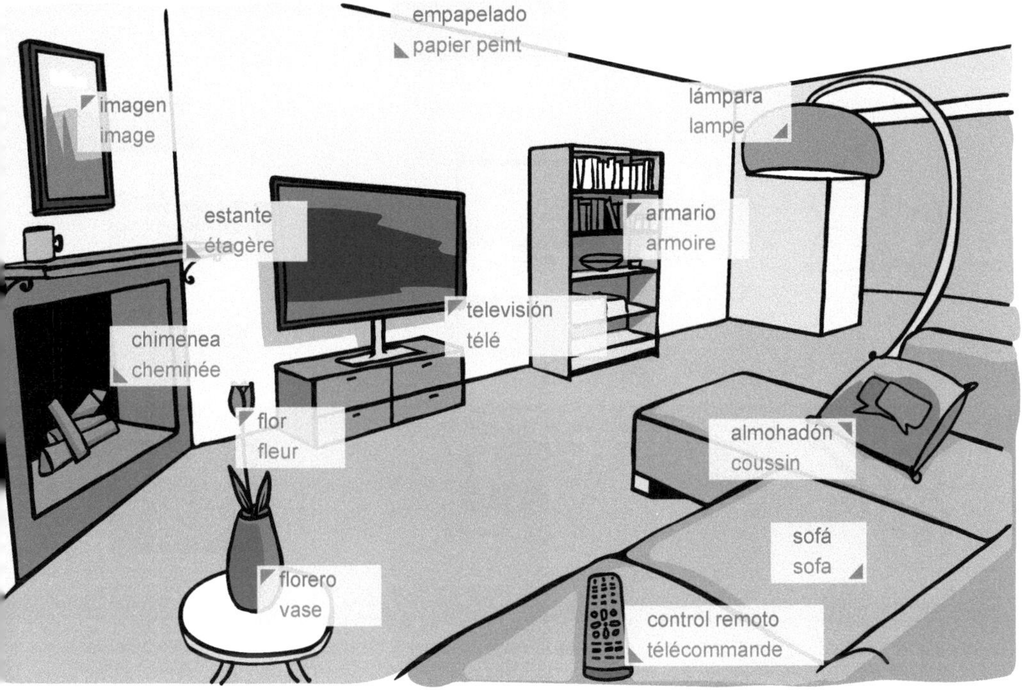

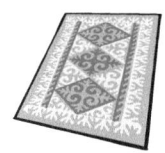

alfombra
tapis

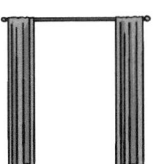

cortina
rideau

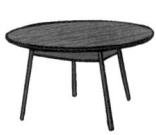

mesa
table

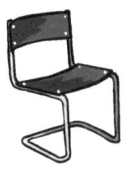

silla
chaise

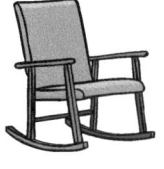

mecedora
chaise à bascule

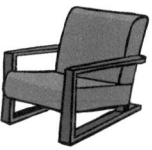

sillón
fauteuil

libro
livre

frazada
couverture

decoración
décoration

leña
bois de chauffage

película
film

equipo de música
chaîne hi-fi

llave
clé

diario
journal

pintura
peinture

póster
poster

radio
radio

cuaderno
bloc-notes

aspiradora
aspirateur

cactus
cactus

vela
bougie

cocina
cuisine

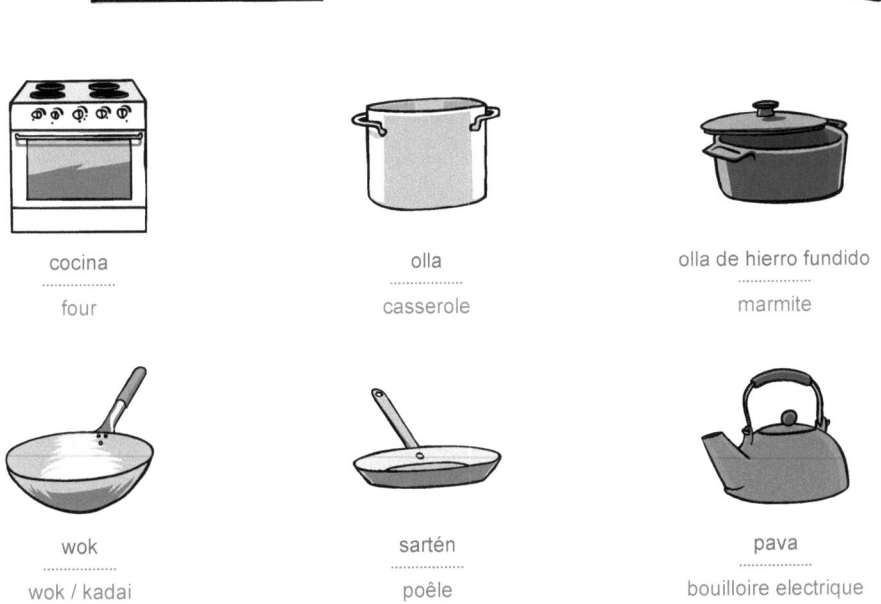

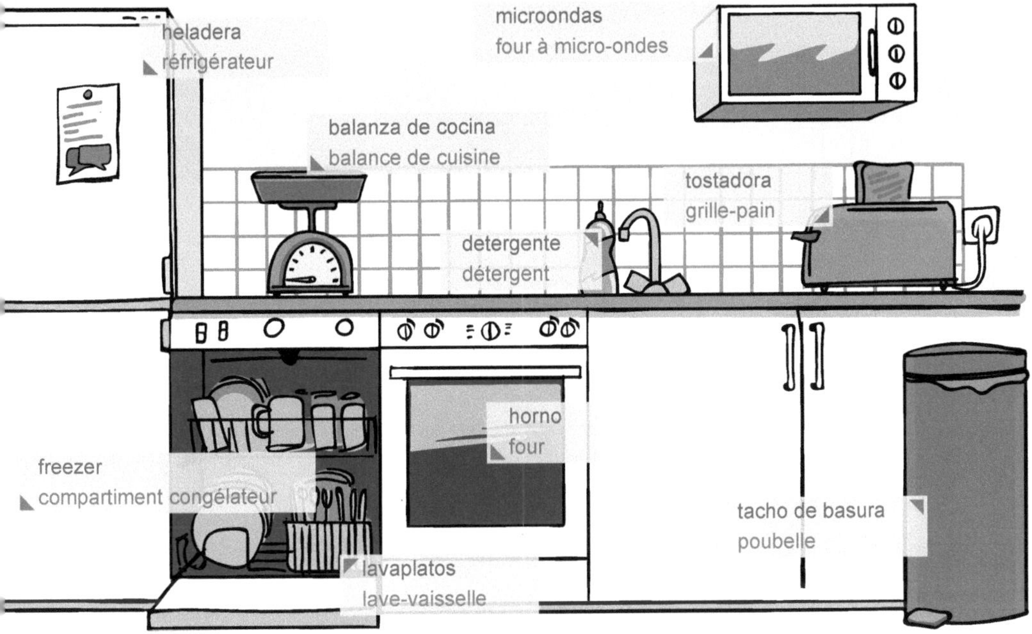
heladera
réfrigérateur
microondas
four à micro-ondes
balanza de cocina
balance de cuisine
tostadora
grille-pain
detergente
détergent
horno
four
freezer
compartiment congélateur
tacho de basura
poubelle
lavaplatos
lave-vaisselle

cocina
four

olla
casserole

olla de hierro fundido
marmite

wok
wok / kadai

sartén
poêle

pava
bouilloire electrique

vaporera

cuiseur vapeur

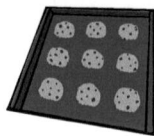

bandeja de horno

plaque de cuisson

vajilla

vaisselle

taza

gobelet

bol

coupe

palitos

baguettes

cucharón

louche

estpátula

spatule

batidora

fouet

colador

passoire

colador

tamis

rallador

râpe

mortero

mortier

parrilla

barbecue

fogata

cheminée

tabla de picar

planche à découper

palo de amasar

rouleau à pâtisserie

sacacorchos

tire-bouchon

lata

boîte

abrelatas

ouvre-boîte

manopla

maniques

pileta

lavabo

cepillo

brosse

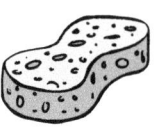

esponja

éponge

batidora

mixeur

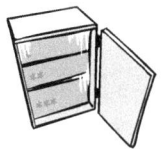

congelador

congélateur

mamadera

biberon

canilla

robinet

cocina - cuisine

37

baño

salle de bain

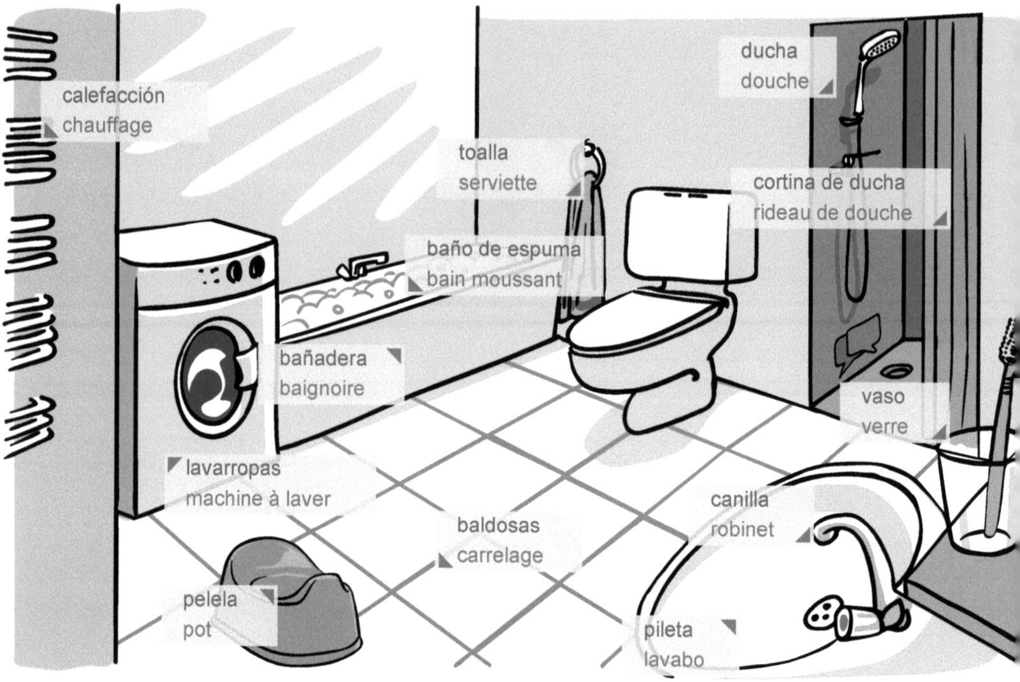
calefacción
chauffage
ducha
douche
toalla
serviette
cortina de ducha
rideau de douche
baño de espuma
bain moussant
bañadera
baignoire
vaso
verre
lavarropas
machine à laver
canilla
robinet
baldosas
carrelage
pelela
pot
pileta
lavabo

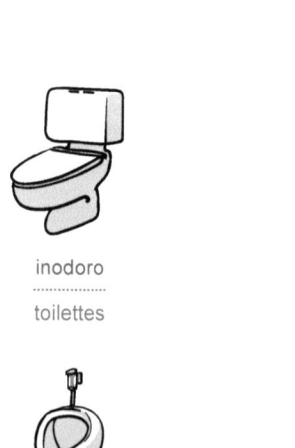

inodoro

toilettes

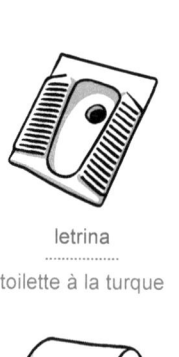

letrina

toilette à la turque

bidé

bidet

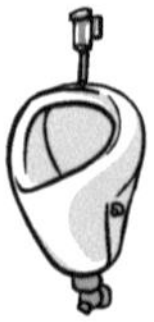

mingitorio

urinoir

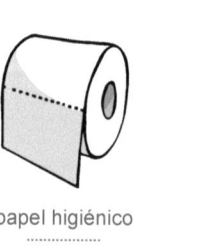

papel higiénico

papier toilette

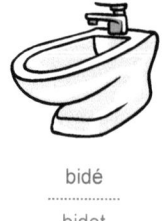

cepillo para el inodoro

brosse à toilette

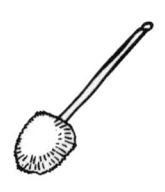

cepillo de dientes

brosse à dents

dentífrico

dentifrice

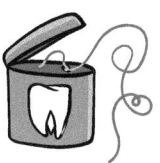

hilo dental

fil dentaire

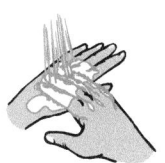

lavar

laver

ducha de mano

douche manuelle

ducha higiénica

douche intime

palangana

vasque

cepillo para espalda

brosse dorsale

jabón

savon

gel de ducha

gel douche

shampoo

shampooing

toallita

gant de toilette

desagüe

écoulement

crema

crème

desodorante

déodorant

espejo

miroir

espejito

miroir cosmétique

maquinita de afeitar

rasoir

espuma de afeitar

mousse à raser

aftershave

après-rasage

peine

peigne

cepillo

brosse

secador de pelo

sèche-cheveux

spray

laque pour cheveux

maquillaje

fond de teint

lápiz de labios

rouge à lèvres

esmalte para uñas

vernis à ongles

algodón

ouate

tijera para uñas

coupe-ongles

perfume

parfum

portacosméticos

trousse de toilette

banqueta

tabouret

balanza

pèse-personne

bata

peignoir

guantes de goma

gants de nettoyage

tampón

tampon

toallita femenina

serviettes hygiéniques

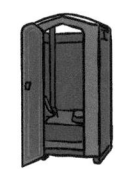

baño químico

toilette chimique

cuarto de los chicos
chambre d'enfant

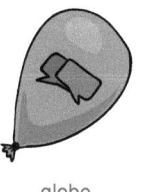

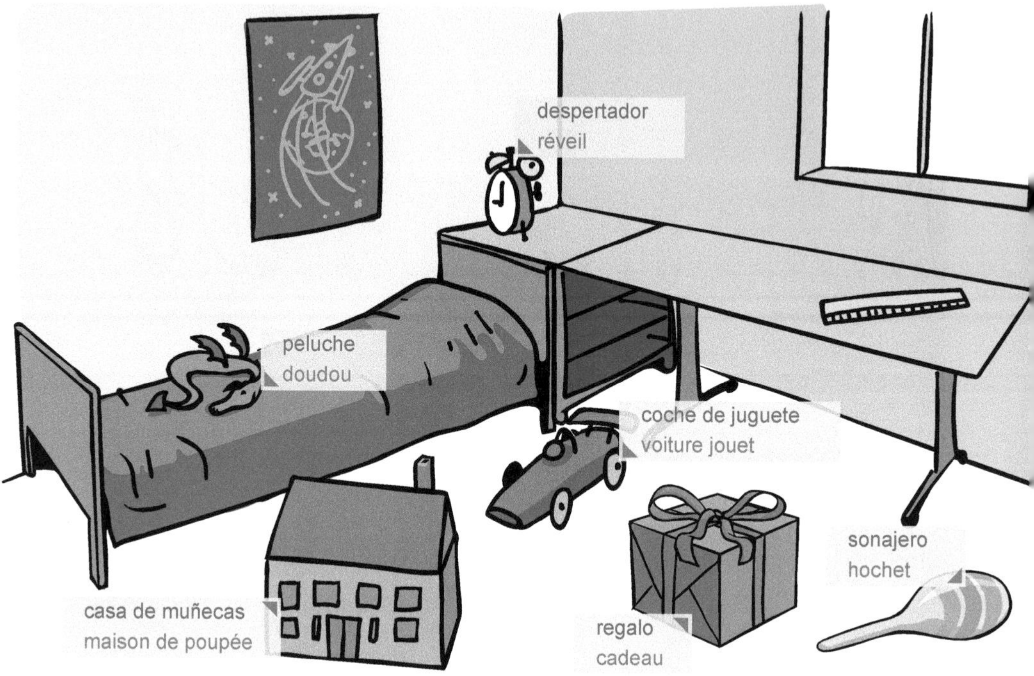
despertador
réveil
peluche
doudou
coche de juguete
voiture jouet
sonajero
hochet
casa de muñecas
maison de poupée
regalo
cadeau

globo

ballon

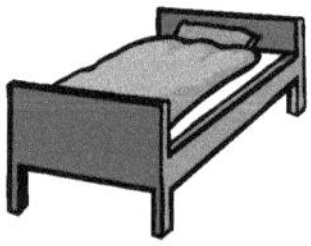

cama

lit

cochecito

poussette

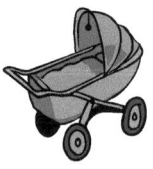

cartas

jeu de cartes

rompecabezas

puzzle

SUPER
MEGA

historieta

bande dessinée

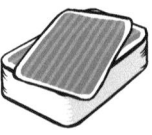

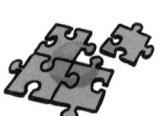

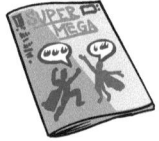

piezas de lego

pièces lego

ladrillos de juguete

blocs de construction

figura de acción

figurine

enterito (de bebé)

grenouillère

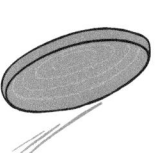

frisbee

frisbee

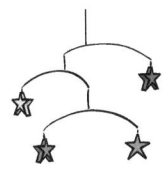

móvil para bebés

mobile

juego de mesa

jeu de société

dados

dé

tren eléctrico

train miniature

chupete

sucette

fiesta

fête

libro de cuentos ilustrado

livre d'images

pelota

balle

muñeca

poupée

jugar

jouer

arenero

bac à sable

hamaca

balançoire

juguetes

jouets

consola de videojuegos

console de jeu

triciclo

tricycle

osito de peluche

ours en peluche

armario

armoire

ropa

vêtements

medias

chaussettes

medias panty

bas

calzas

collant

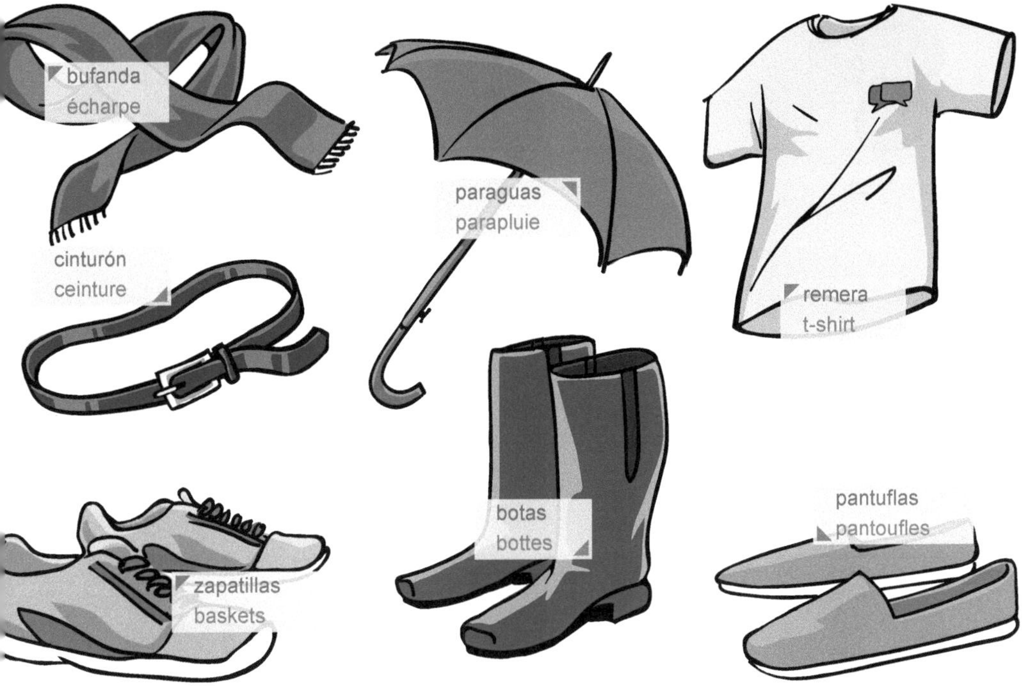

bufanda
écharpe

paraguas
parapluie

remera
t-shirt

cinturón
ceinture

botas
bottes

pantuflas
pantoufles

zapatillas
baskets

sandalias
sandales

zapatos
chaussures

botas de goma
bottes de caoutchouc

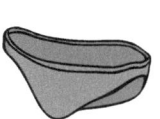

ropa interior
sous-vêtements

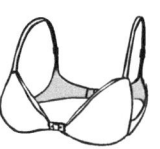

corpiño
soutien-gorge

chaleco
maillot de corps

body

body

pantalones

pantalon

jeans

jean

pollera

jupe

blusa

chemisier

camisa

chemise

pulóver

pull

buzo

sweat à capuche

blazer

veste

campera

veste

tapado

manteau

piloto

imperméable

traje

costume

vestido

robe

vestido de novia

robe de mariée

traje

costume

camisón

chemise de nuit

pijama

pyjama

sari

sari

pañuelo para cabeza

foulard

turbante

turban

burka

burqa

caftán

caftan

abaya

abaya

traje de baño

maillot de bain

short de baño

maillot de bain

shorts

short

jogging

tenue d'entraînement

delantal

tablier

guantes

gants

botón

bouton

anteojos

lunettes

pulsera

bracelet

collar

collier

anillo

bague

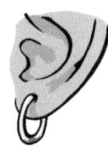

aro

boucle d'oreille

gorra

bonnet

percha

cintre

sombrero

chapeau

corbata

cravate

cierre

fermeture éclair

casco

casque

tiradores

bretelles

uniforme escolar

uniforme scolaire

uniforme

uniforme

babero
bavoir

chupete
sucette

pañal
lange

oficina
bureau

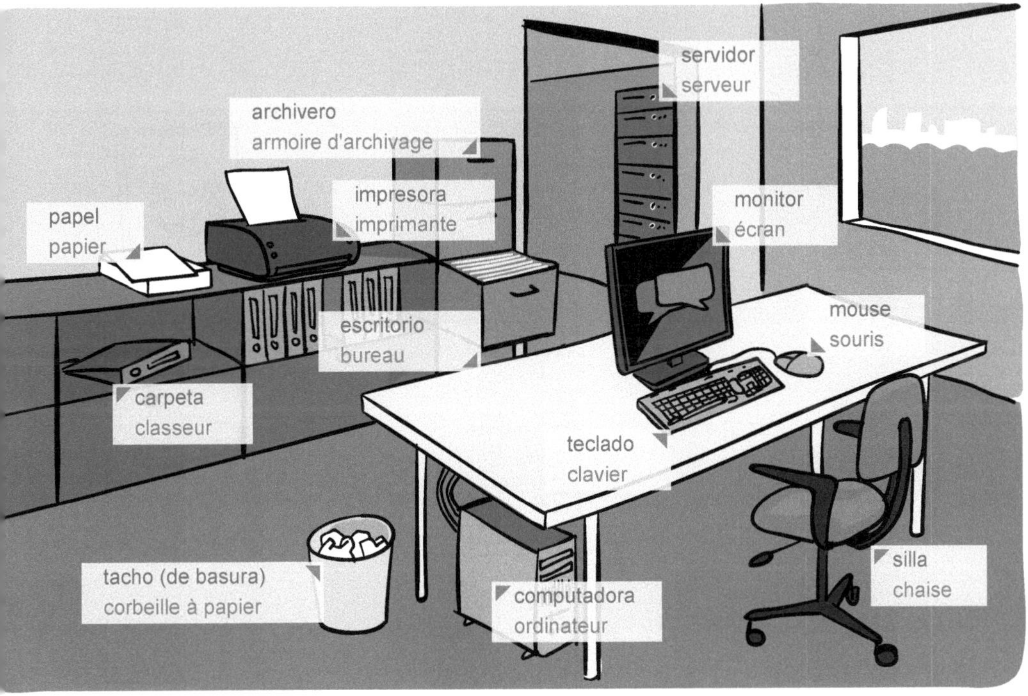

servidor
serveur

archivero
armoire d'archivage

impresora
imprimante

monitor
écran

papel
papier

mouse
souris

escritorio
bureau

carpeta
classeur

teclado
clavier

silla
chaise

tacho (de basura)
corbeille à papier

computadora
ordinateur

taza de café
tasse de café

calculadora
calculatrice

internet
internet

oficina - bureau

49

laptop

ordinateur portable

carta

lettre

mensaje

message

celular

portable

red

réseau

fotocopiadora

photocopieuse

software

logiciel

teléfono

téléphone

tomacorriente

prise

fax

fax

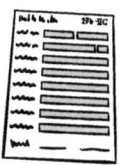

formulario

formulaire

documento

document

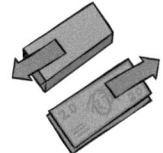

comprar

acheter

pagar

payer

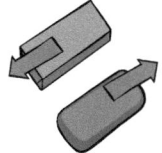

hacer negocios

faire du commerce

dinero

monnaie

dólar

dollar

euro

euro

yen

yen

rublo

rouble

franco suizo

franc suisse

yuan

renminbi yuan

rupia

roupie

cajero automático

distributeur automatique

casa de cambio

bureau de change

oro

or

plata

argent

petróleo

pétrole

energía

énergie

precio

prix

contrato

contrat

impuesto

taxe

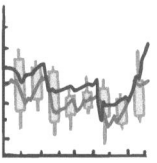

acción

action

trabajar

travailler

empleado

employé

empleador

employeur

fábrica

usine

negocio

magasin

ocupaciones
professions

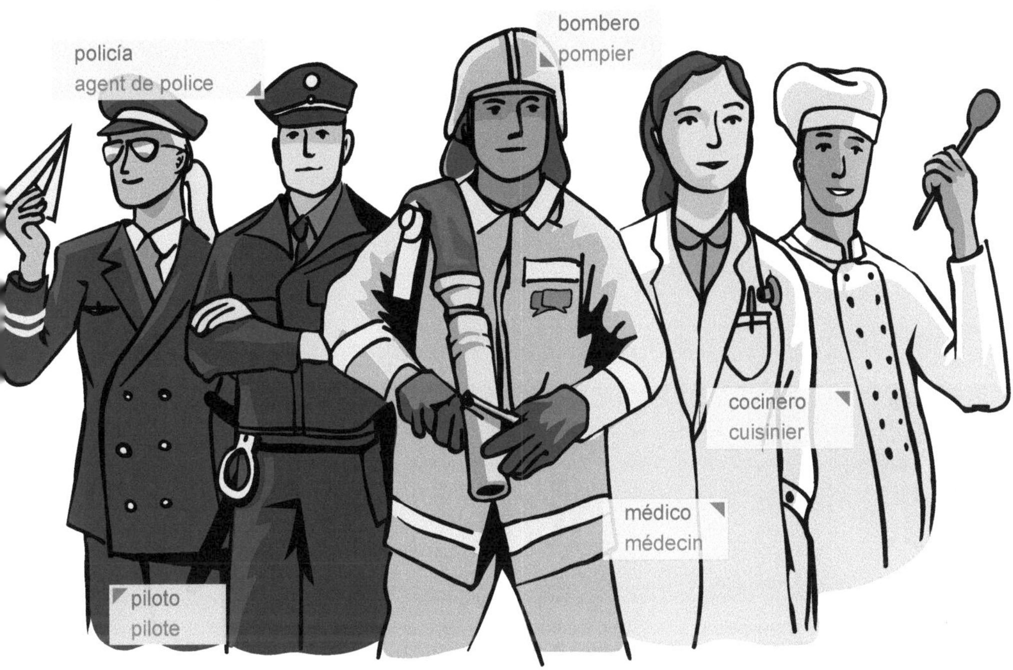
bombero
pompier
policía
agent de police
cocinero
cuisinier
médico
médecin
piloto
pilote

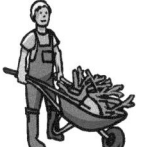

jardinero

jardinier

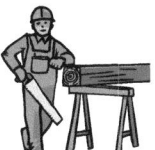

carpintero

menuisier

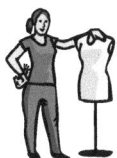

modista

couturière

juez

juge

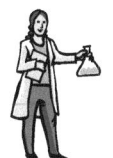

farmacéutico

chimiste

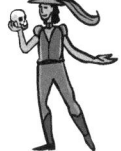

actor

acteur

colectivero

conducteur de bus

taxista

chauffeur de taxi

pescador

pêcheur

mucama

femme de ménage

techista

couvreur

mozo

serveur

cazador

chasseur

pintor

peintre

panadero

boulanger

electricista

électricien

albañil

ouvrier

ingeniero

ingénieur

carnicero

boucher

plomero

plombier

cartero

facteur

soldado

soldat

arquitecto

architecte

cajero

caissier

florista

fleuriste

peluquero

coiffeur

cobrador

contrôleur

mecánico

mécanicien

capitán

capitaine

dentista

dentiste

científico

scientifique

rabino

rabbin

imán

imam

monje

moine

sacerdote

prêtre

ocupaciones - professions

herramientas

outils

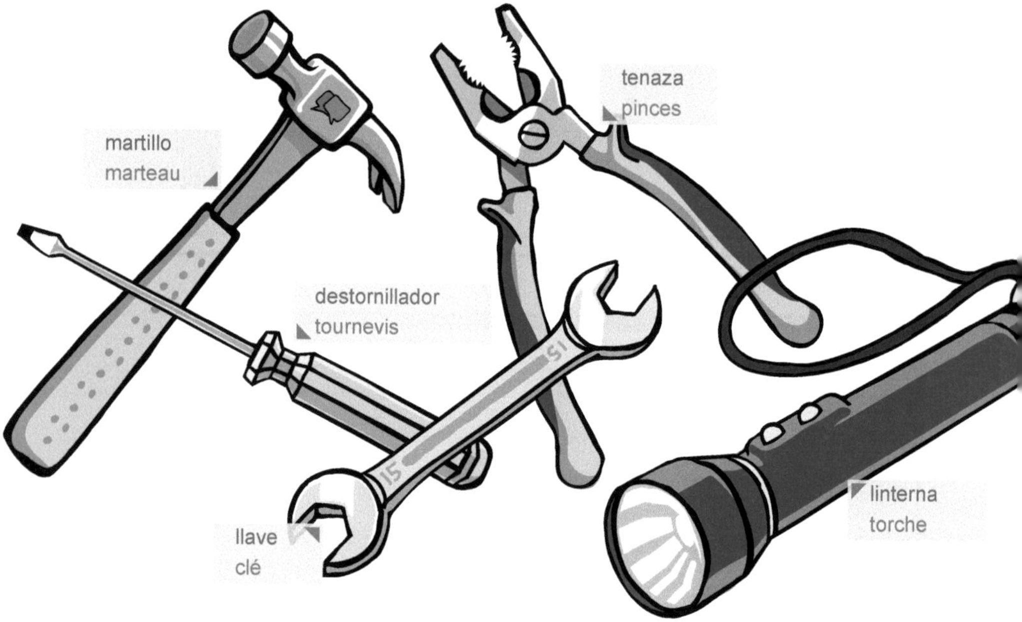
martillo
marteau
tenaza
pinces
destornillador
tournevis
llave
clé
linterna
torche

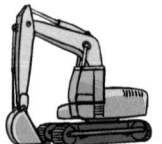

excavadora

pelleteuse

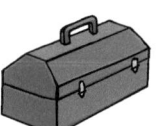

caja de herramientas

boîte à outils

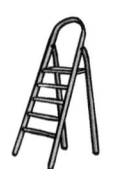

escalera portátil

échelle

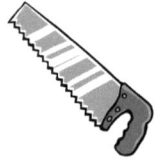

sierra

scie

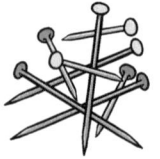

clavos

clous

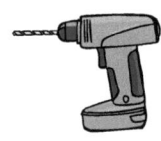

taladro

perceuse

arreglar

réparer

pala de jardín

pelle

¡Qué bronca!

Mince !

pala de plástico

pelle

tacho de pintura

pot de peinture

tornillos

vis

instrumentos musicales

instruments de musique

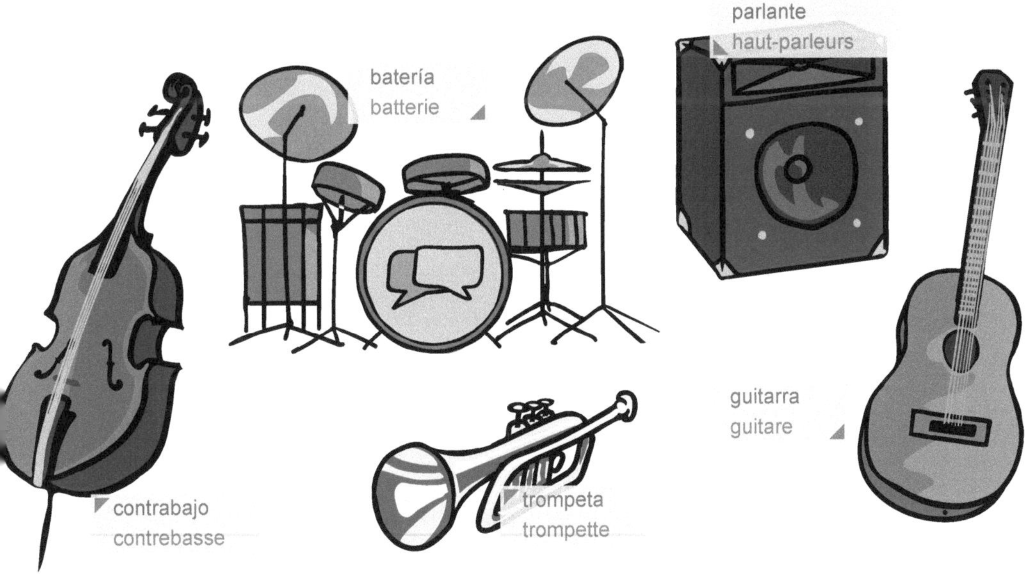

parlante
haut-parleurs

batería
batterie

contrabajo
contrebasse

trompeta
trompette

guitarra
guitare

piano

piano

violín

violon

bajo

basse

timbales

timbales

tambor

tambour

teclado

piano électrique

saxofón

saxophone

flauta

flûte

micrófono

microphone

instrumentos musicales - instruments de musique

zoológico
zoo

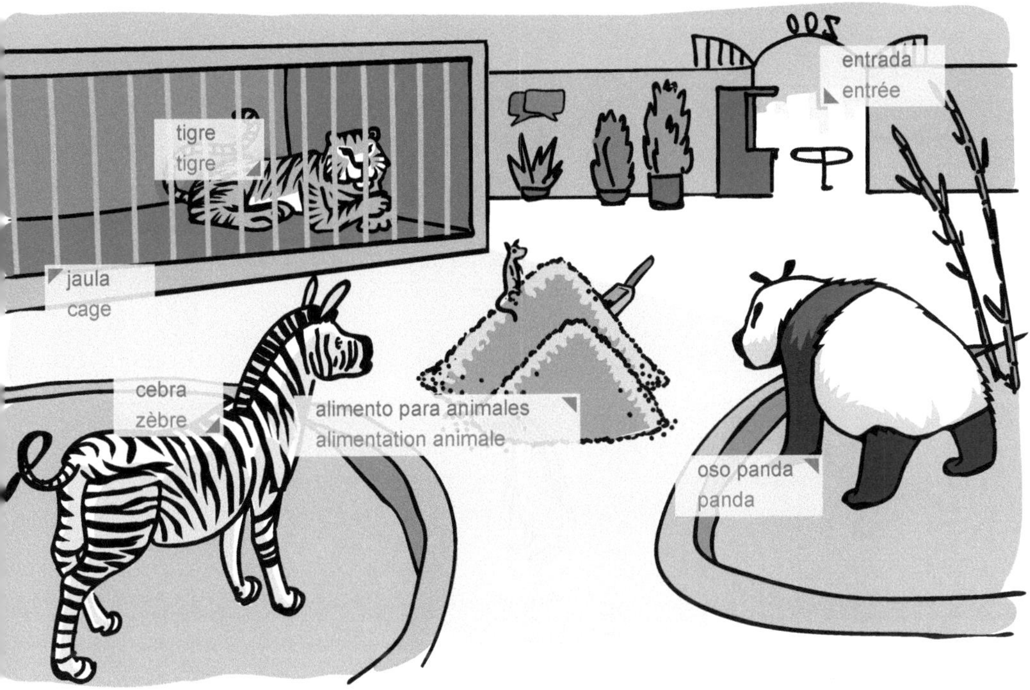

entrada
entrée
tigre
tigre
jaula
cage
cebra
zèbre
alimento para animales
alimentation animale
oso panda
panda

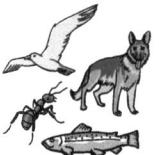

animales
animaux

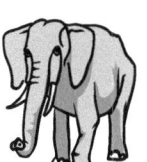

elefante
éléphant

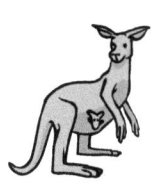

canguro
kangourou

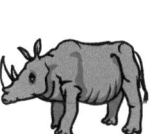

rinoceronte
rhinocéros

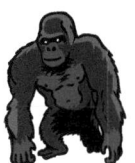

gorila
gorille

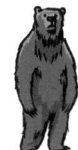

oso
ours

camello

chameau

avestruz

autruche

león

lion

mono

singe

flamenco

flamand rose

loro

perroquet

oso polar

ours polaire

pingüino

pingouin

tiburón

requin

pavo real

paon

serpiente

serpent

cocodrilo

crocodile

cuidador del zoológico

gardien de zoo

foca

phoque

jaguar

jaguar

poni

poney

leopardo

léopard

hipopótamo

hippopotame

jirafa

girafe

águila

aigle

jabalí

sanglier

pescado

poisson

tortuga

tortue

morsa

morse

zorro

renard

gacela

gazelle

deportes

sports

fútbol americano
american Football

ciclismo
cyclisme

tenis
tennis

básquet
basket-ball

natación
natation

boxeo
boxe

hockey sobre hielo
hockey sur glace

fútbol
football

bádminton
badminton

atletismo
athlétisme

handball
handball

esquí
ski

polo
polo

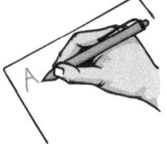

saltar
sauter

reír
rire

abrazar
embrasser

caminar
marcher

cantar
chanter

rezar
prier

besar
faire la bise

soñar
rêver

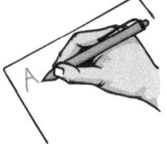

escribir
écrire

dibujar
dessiner

mostrar
montrer

presionar
pousser

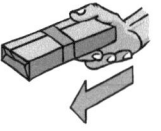

dar
donner

tomar
prendre

actividades - activités

63

tener

avoir

hacer

faire

ser

être

estar parado

être debout

correr

courir

tirar

trier

tirar

jeter

caer

tomber

estar acostado

être couché

esperar

attendre

llevar

porter

estar sentado

être assis

vestirse

s'habiller

dormir

dormir

despertar

se réveiller

mirar

regarder

llorar

pleurer

acariciar

caresser

peinar

peigner

hablar

parler

entender

comprendre

preguntar

demander

escuchar

écouter

beber

boire

comer

manger

ordenar

ranger

amar

aimer

cocinar

cuire

manejar

conduire

volar

voler

navegar

faire de la voile

calcular

calculer

leer

lire

aprender

apprendre

trabajar

travailler

casarse

se marier

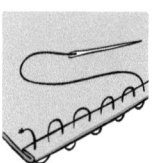

coser

coudre

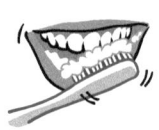

cepillarse los dientes

brosser les dents

matar

tuer

fumar

fumer

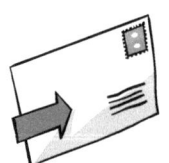

enviar

envoyer

actividades - activités

familia
famille

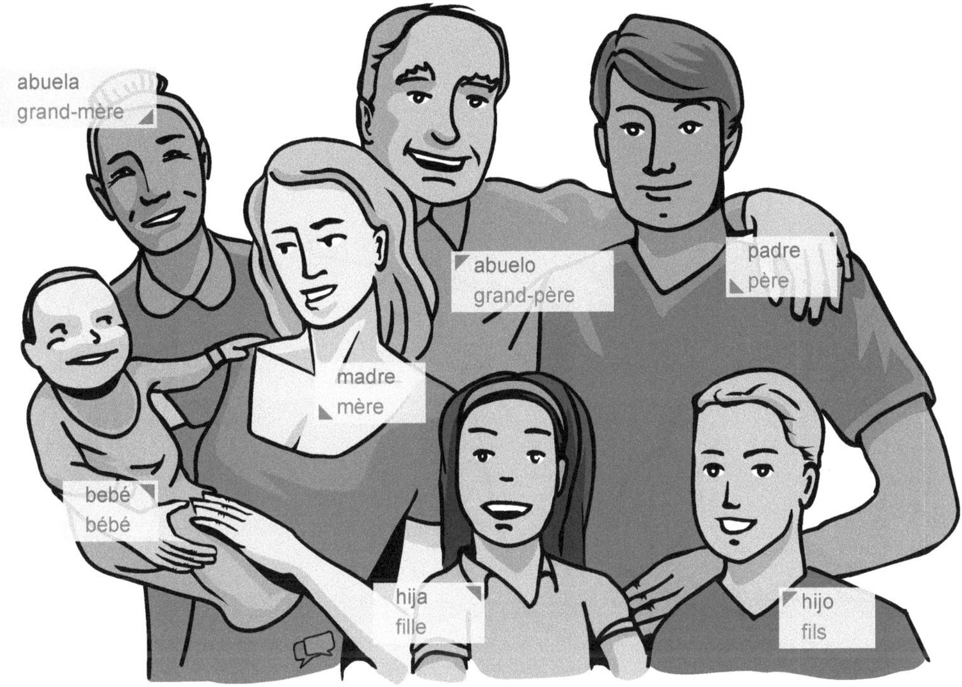
abuela
grand-mère
abuelo
grand-père
padre
père
madre
mère
bebé
bébé
hija
fille
hijo
fils

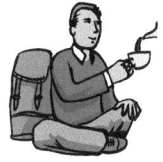

invitado

hôte

tía

tante

tío

oncle

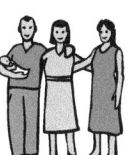

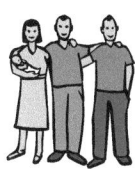

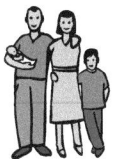

hermano

frère

hermana

sœur

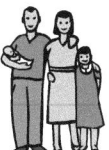

cuerpo

corps

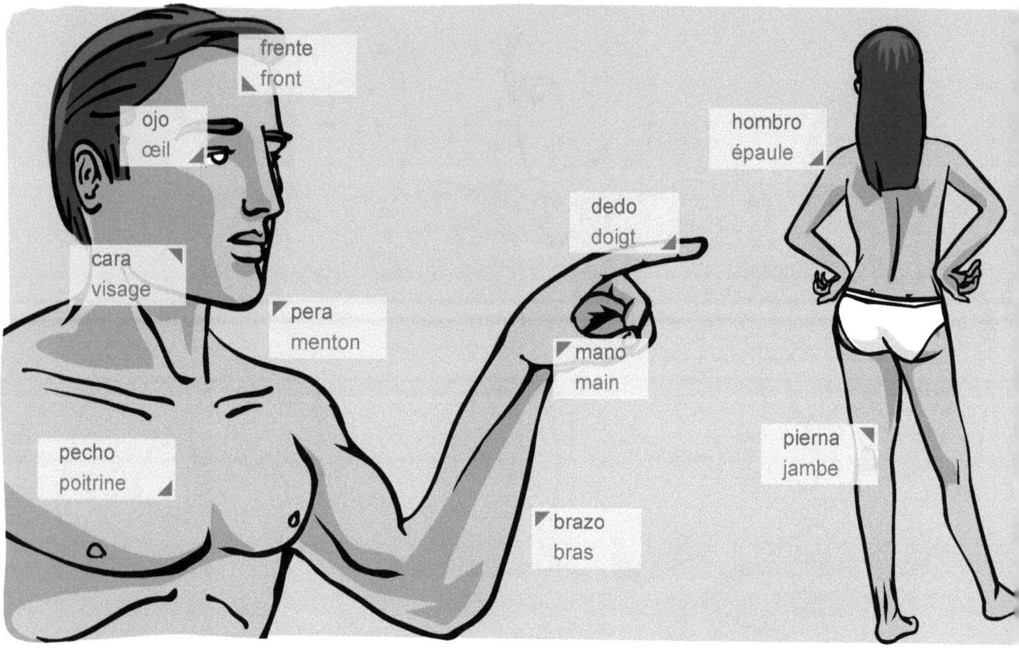

frente / front

ojo / œil

hombro / épaule

dedo / doigt

cara / visage

pera / menton

mano / main

pecho / poitrine

pierna / jambe

brazo / bras

bebé	hombre	mujer
bébé	homme	femme

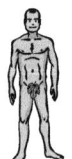

nena	nene	cabeza
fille	garçon	tête

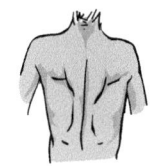

espalda

dos

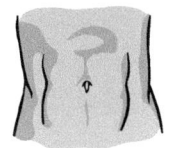

panza

ventre

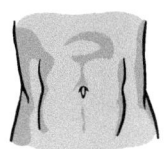

ombligo

nombril

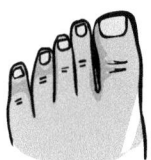

dedo del pie

orteil

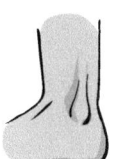

talón

talon

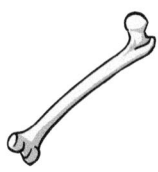

hueso

os

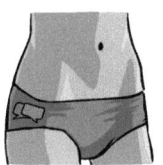

cadera

hanche

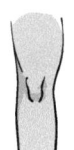

rodilla

genou

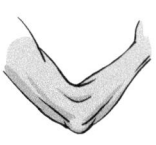

codo

coude

nariz

nez

cola

fesses

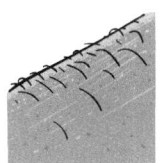

piel

peau

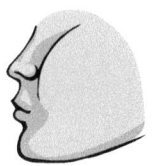

cachete

joue

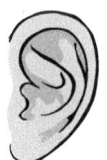

oreja

oreille

labio

lèvre

cuerpo - corps

69

boca

bouche

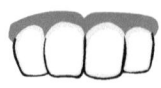

diente

dent

lengua

langue

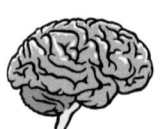

cerebro

cerveau

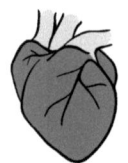

corazón

cœur

músculo

muscle

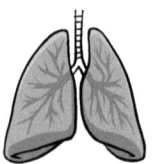

pulmón

poumons

hígado

foie

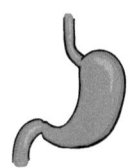

estómago

estomac

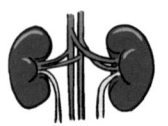

riñones

reins

sexo

rapport sexuel

preservativo

préservatif

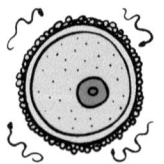

óvulo

ovule

semen

sperme

embarazo

grossesse

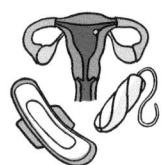

menstruación

menstruation

vagina

vagin

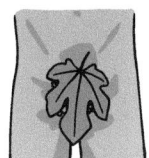

pene

pénis

ceja

sourcil

pelo

cheveux

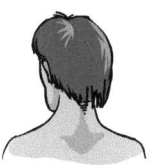

cuello

cou

cuerpo - corps

71

hospital
hôpital

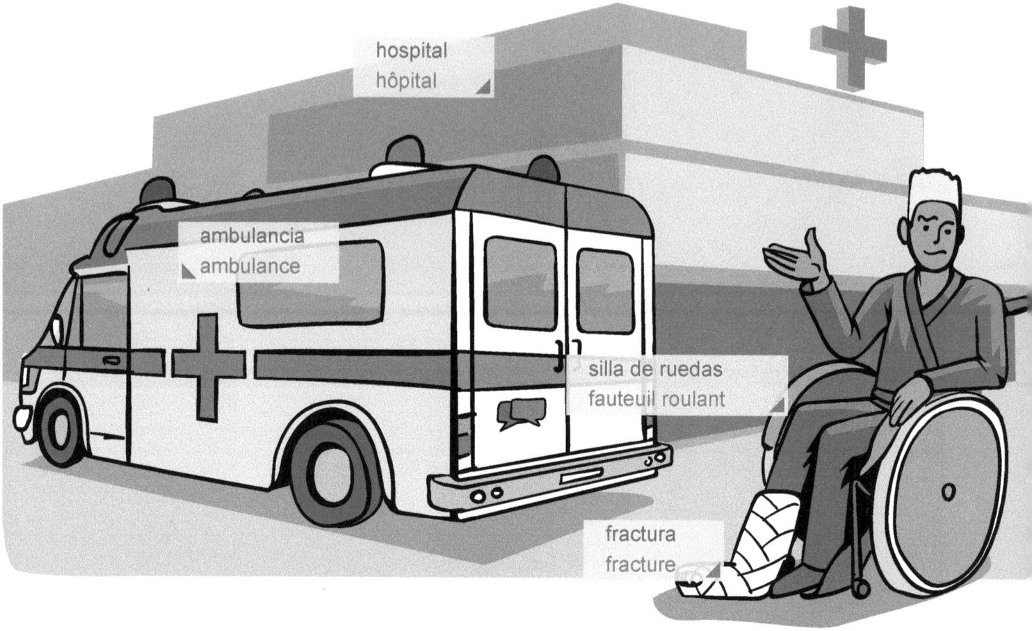

hospital
hôpital
ambulancia
ambulance
silla de ruedas
fauteuil roulant
fractura
fracture

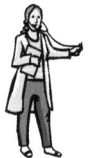

médico
....
médecin

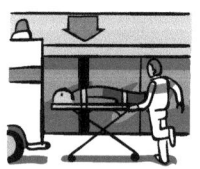

sala de guardia
....
service des urgences

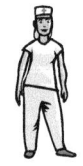

enfermera
....
infirmière

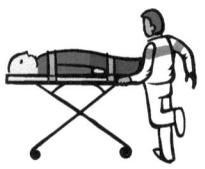

emergencia
....
urgence

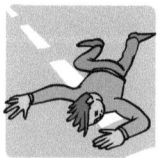

inconsciente
....
inconscient

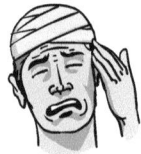

dolor
....
douleur

lesión

blessure

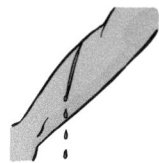

hemorragia

hémorragie

infarto

crise cardiaque

ACV

attaque cérébrale

alergia

allergie

tos

toux

fiebre

fièvre

gripe

grippe

diarrea

diarrhée

dolor de cabeza

mal de tête

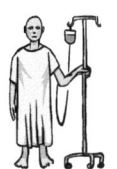

cáncer

cancer

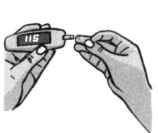

diabetes

diabète

cirujano

chirurgien

bisturí

scalpel

operación

opération

TC
CT

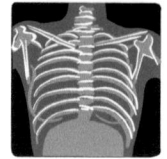

rayos x
radiographie

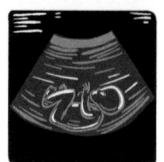

ecografía
échographie

barbijo
masque

enfermedad
maladie

sala de espera
salle d'attente

muleta
béquille

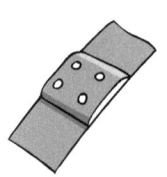

curita
pansement

venda
pansement

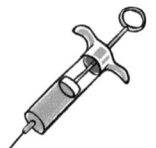

inyección
injection

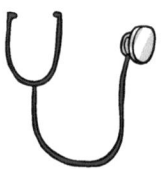

estetoscopio
stéthoscope

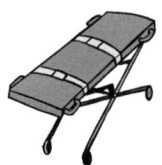

camilla
brancard

termómetro
thermomètre

nacimiento
accouchement

sobrepeso
surcharge pondérale

audífono

appareil auditif

desinfectante

désinfectant

infección

infection

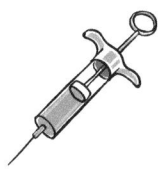

virus

virus

VIH / SIDA

VIH / sida

remedio

médicament

vacunación

vaccination

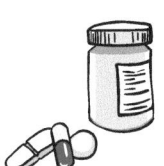

comprimidos

comprimés

pastilla anticonceptiva

pilule

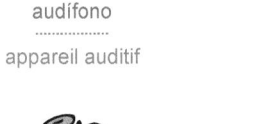

llamada de emergencia

appel d'urgence

tensiómetro

tensiomètre

enfermo / sano

malade / sain

¡Ayuda!

Au secours !

alarma

alarme

agresión

assaut

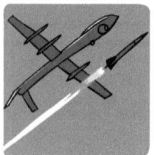

ataque

attaque

peligro

danger

salida de emergencia

sortie de secours

¡Fuego!

Au feu!

matafuego

extincteur

accidente

accident

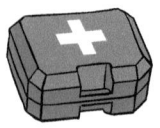

botiquín de primeros
auxilios

trousse de premier secours

SOS

SOS

policía

police

Europa

Europe

América del Norte

Amérique du Nord

América del Sur

Amérique du Sud

África

Afrique

Asia

Asie

Australia

Australie

Atlántico

Océan atlantique

Pacífico

Océan pacifique

Océano Índico

Océan indien

Océano Antártico

Océan antarctique

Océano Ártico

Océan arctique

polo norte

pôle nord

polo sur

pôle sud

Antártida

Antarctique

Tierra

terre

tierra

pays

mar

mer

isla

île

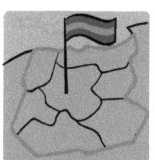

nación

nation

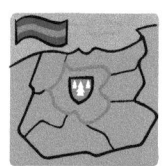

estado

état

Tierra - terre

esfera

cadran

manecilla de las horas

aiguille des heures

minutero

aiguille des minutes

segundero

aiguille des secondes

¿Qué hora es?

Quelle heure est-il ?

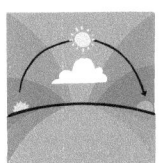

día

jour

hora

temps

ahora

maintenant

reloj digital

montre digitale

minuto

minute

hora

heure

semana

semaine

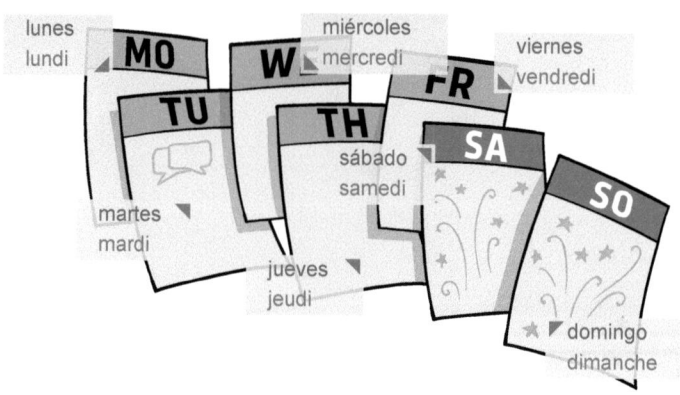

lunes / lundi — martes / mardi — miércoles / mercredi — jueves / jeudi — viernes / vendredi — sábado / samedi — domingo / dimanche

ayer

hier

hoy

aujourd'hui

mañana

demain

mañana

matin

mediodía

midi

tarde

soir

MO	TU	WE	TH	FR	SA	SU
1	2	3	4	5	6	7
8	9	10	11	12	13	14
15	16	17	18	19	20	21
22	23	24	25	26	27	28
29	30	31	1	2	3	4

días hábiles

jours ouvrables

MO	TU	WE	TH	FR	SA	SU
1	2	3	4	5	6	7
8	9	10	11	12	13	14
15	16	17	18	19	20	21
22	23	24	25	26	27	28
29	30	31	1	2	3	4

fin de semana

week-end

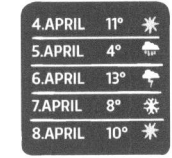

año
année

arco iris
arc-en-ciel
lluvia
pluie
nieve
neige
viento
vent
primavera
printemps
otoño
automne
verano
été
invierno
hiver

4.APRIL 11°
5.APRIL 4°
6.APRIL 13°
7.APRIL 8°
8.APRIL 10°

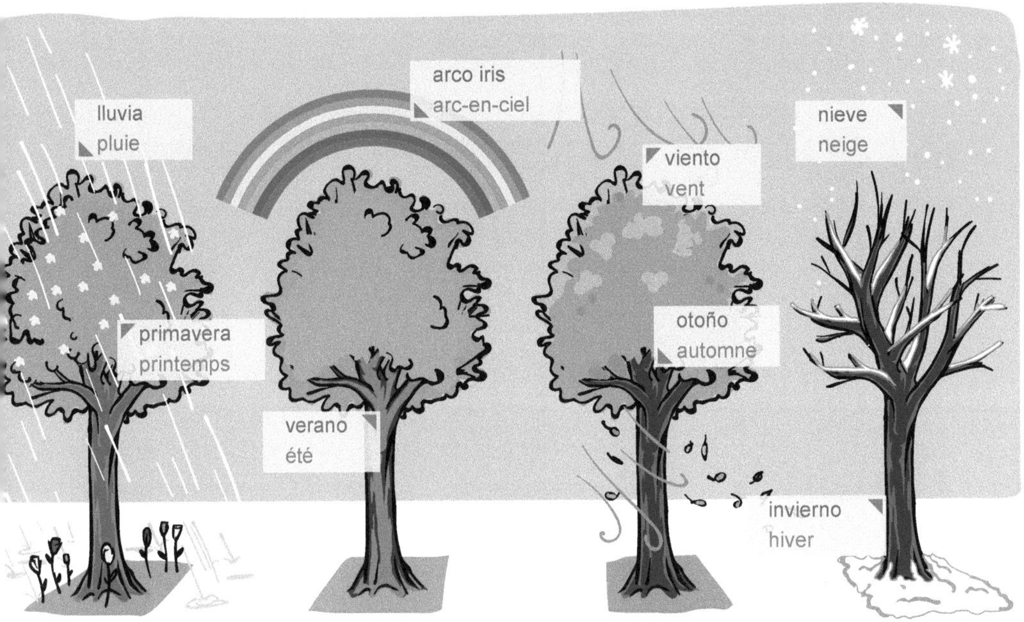

pronóstico meteorológico

météo

F C
120 40
90 30
60 20
30 10
0 0
-30 -10
-20

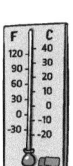

termómetro

thermomètre

luz del sol

lumière du soleil

nube

nuage

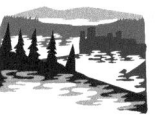

niebla

brouillard

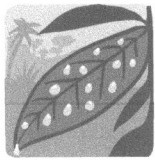

humedad

humidité

rayo

foudre

trueno

tonnerre

tormenta

tempête

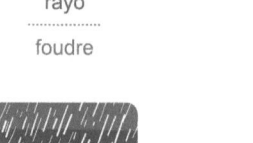

granizo

grêle

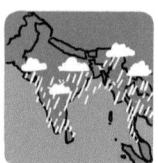

monzón

mousson

inundación

inondation

hielo

glace

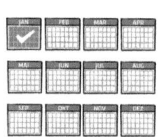

enero

janvier

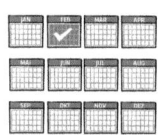

febrero

février

marzo

mars

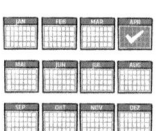

abril

avril

mayo

mai

junio

juin

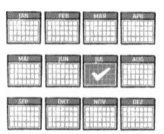

julio

juillet

agosto

août

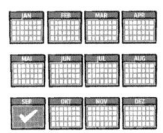

septiembre

septembre

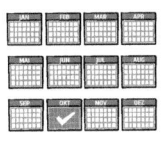

octubre

octobre

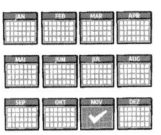

noviembre

novembre

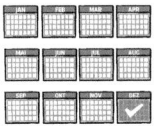

diciembre

décembre

formas

formes

círculo

cercle

cuadrado

carré

rectángulo

rectangle

triángulo

triangle

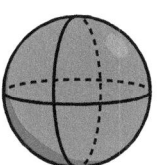

esfera

sphère

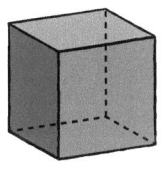

cubo

cube

colores

couleurs

blanco

blanc

amarillo

jaune

naranja

orange

rosa

rose

rojo

rouge

violeta

violet

azul

bleu

verde

vert

marrón

marron

gris

gris

negro

noir

mucho / poco

beaucoup / peu

enojado / tranquilo

fâché / calme

lindo / feo

joli / laid

principio / fin

début / fin

grande / chico

grand / petit

claro / oscuro

clair / obscure

hermano / hermana

frère / soeur

limpio / sucio

propre / sale

completo / incompleto

complet / incomplet

día / noche

jour / nuit

muerto / vivo

mort / vivant

ancho / angosto

large / étroit

comestible / no comestible

comestible / incomestible

malo / amable

méchant / gentil

entusiasmado / aburrido

excité / ennuyé

gordo / flaco

gros / mince

primero / último

premier / dernier

amigo / enemigo

ami / ennemi

lleno / vacío

plein / vide

duro / blando

dur / souple

pesado / liviano

lourd / léger

hambre / sed

faim / soif

enfermo / sano

malade / sain

ilegal / legal

illégal / légal

inteligente / estúpido

intelligent / stupide

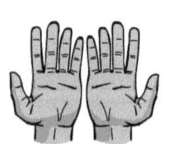

izquierda / derecha

gauche / droite

cerca / lejos

proche / loin

nuevo / usado

nouveau / usé

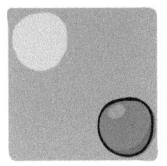

nada / algo

rien / quelque chose

viejo / joven

vieux / jeune

encendido / apagado

marche / arrêt

abierto / cerrado

ouvert / fermé

silencioso / ruidoso

faible / fort

rico / pobre

riche / pauvre

correcto / incorrecto

correct / incorrect

áspero / suave

rugueux / lisse

triste / contento

triste / heureux

corto / largo

court / long

lento / rápido

lent / rapide

mojado / seco

mouillé / sec

caliente / frío

chaud / froid

guerra / paz

guerre / paix

opuestos - oppositions

87

números

nombres

0

cero

zéro

1

uno

un / une

2

dos

deux

3

tres

trois

4

cuatro

quatre

5

cinco

cinq

6

seis

six

7

siete

sept

8

ocho

huit

9

nueve

neuf

10

diez

dix

11

once

onze

12

doce

douze

13

trece

treize

14

catorce

quatorze

15

quince

quinze

16

dieciséis

seize

17

diecisiete

dix-sept

18

dieciocho

dix-huit

19

diecinueve

dix-neuf

20

veinte

vingt

100

cien

cent

1.000

mil

mille

1.000.000

millón

million

idiomas
langues

inglés

anglais

inglés americano

anglais américain

chino mandarín

chinois mandarin

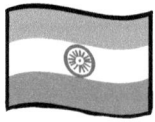

hindi

hindi

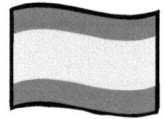

español

espagnol

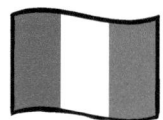

francés

français

árabe

arabe

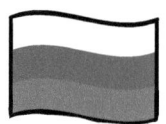

ruso

russe

portugués

portugais

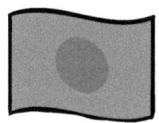

bengalí

bengali

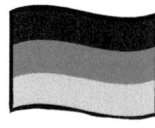

alemán

allemand

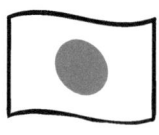

japonés

japonais

yo

je

vos

tu

él / ella

il / elle / ce, c', cela

nosotros

nous

ustedes

vous

ellos

ils / elles

¿quién?

Qui ?

¿qué?

Quoi ?

¿cómo?

Comment ?

¿dónde?

Où ?

¿cuándo?

Quand ?

HELLO, I AM

nombre

nom

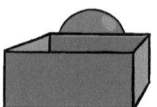

detrás

derrière

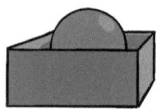

en

dans

adelante de

devant

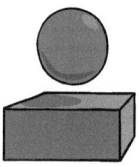

por encima de

au-dessus

sobre

sur

debajo de

en-dessous

al lado de

à côté de

entre

entre

lugar

lieu